# MATTHIAS DROBINSKI

# DIESE WIRTSCHAFT TÖTET

*Mit einem Vorwort von Heribert Prantl*

W0039012

Süddeutsche Zeitung **Edition** Streitschrift

© Süddeutsche Zeitung GmbH, München
für die Süddeutsche Zeitung Edition 2014

Projektleitung: Till Brömer, Sabine Sternagel
Art Director und Umschlaggestaltung: Stefan Dimitrov
Innengestaltung: Claudia Hautkappe
Foto: Katharina Hess
Herstellung: Thekla Licht, Hermann Weixler
Druck- und Bindearbeiten: Westermann Druck Zwickau GmbH
Printed in Germany
ISBN: 978-3-86497-208-9

# MATTHIAS DROBINSKI

# DIESE WIRTSCHAFT TÖTET

*Mit einem Vorwort von Heribert Prantl*

Süddeutsche Zeitung Edition **Streitschrift**

# INHALT

**VORWORT**
**Die Befreiung
der Elenden**................................................7

**STREITSCHRIFT**
**Niemand hat
Salma getötet** ...........................................11

# Die Befreiung
# der Elenden

*Zur Regierungserklärung des Papstes Franziskus*
*Von Heribert Prantl*

Im Vatikan sitzt nicht Fidel Castro. Es sitzt dort auch nicht ein wiedergeborener Karl Marx. Es betet dort kein Kommunist, sondern ein Katholik – ein Mann des Evangeliums. Dieser Papst Franziskus macht nicht alles anders. Er macht aber ernst. Er nimmt das Evangelium so ernst, dass all denen blümerant zumute wird, die es bisher als theologisches Poesiealbum betrachtet haben. Franziskus proklamiert ein Konzept der solidarischen Ökonomie, auf der Basis des Evangeliums. Sein Lehrschreiben vom 24. November 2013, das auf lateinisch „Evangelii gaudium" und auf Deutsch „Die Freude des Evangeliums" heißt, war eine Art Regierungserklärung. Diese Regierungserklärung verändert die Weltkirche. Und darin steht ein Satz, der mitteleuropäische Ökonomen empört hat: „Diese Wirtschaft tötet."

Dieser Satz hat der klugen Streitschrift von Matthias Drobinski den Titel gegeben. „Diese Wirtschaft totet": Franziskus meint nicht die soziale Marktwirtschaft, er meint den radikalen Kapitalismus. Der Kapitalismus ist nicht per se gut, und seine Schwächen sind nicht nur die menschlichen Schwächen seiner Manager, sondern strukturelle Schwächen. Das ist die Botschaft des Papstes; und dieser Botschaft geht Matthias Drobinski kundig nach. Die Botschaft des Franziskus ist, auch das zeigt sich in seinem Buch, nicht neu; Franziskus denkt und schreibt nur weniger wattiert, als es seine Vorgänger taten. Die Güter der Erde gehören allen Menschen – so hat es das Zweite Vatikanische Konzil vor fünfzig Jahren formuliert; und das Privateigentum war für die Konzilsväter nur eines der Prinzipien für die Verteilung. Papst Franziskus kommt aus Lateinamerika. Er hat seine Behauptung, dass Wirtschaft tötet, mit der Beobachtung unterlegt, dass Menschen selbst zu Müll gemacht werden. Franziskus kennt diese andere Seite der Welt, die Welt des Nichthabens, sehr gut.

Er steht dabei in prophetischer Tradition, er spricht die fast vergessene, unverblümte Sprache der Propheten des Alten Testaments. Und wenn er den Kirchenlehrer Johannes Chrysostomos aus dem Altertum zitiert, dann ist das für ihn nicht Nostalgie, sondern Teil einer Jahrtausendweisheit und die Grundlage seines Denkens: „Die eigenen Güter nicht mit den Armen zu teilen bedeutet, diese zu bestehlen und ihnen das Leben zu entziehen. Die Güter, die wir besitzen, gehören nicht uns, sondern ihnen." So zitiert es Franziskus. Das verleitet internationale Finanzkapitalisten zum Schmunzeln; das lässt jene Ökonomen in Deutschland den Kopf schütteln, die die Sicherung unbegrenzter Vermögensakkumulation für den Inhalt der Eigentumsgarantie des Grundgesetzes halten. Franziskus hat das schon vorhergesehen.

Franziskus – kein anderer Papst vor ihm hat sich so genannt, nach dem beliebtesten und radikalsten aller Heiligen. Er betrachtet die Welt nicht mit den Augen derer, die in Zürich, Düsseldorf oder New York groß geworden sind, Volks- und Betriebswirtschaft studiert haben und dann in einen Bankturm eingezogen sind, um von dort aus die Welt mit Finanzinstrumenten zu vermessen. Sein Apostolisches Lehrschreiben ist die Weltbetrachtung eines Papstes, der aus eigener Anschauung weiß, was ein entfesselter Kapitalismus anrichtet, wie er Menschen und Länder in den Abgrund stürzt. Franziskus kennt die Opfer des Systems; er kennt sie aus seiner lateinamerikanischen Heimat; er hat die Särge auf Lampedusa gesehen. Er attackiert eine Wirtschaft der Rücksichtslosigkeit, die exzessiv Steuern vermeidet, die die Natur systematisch beschädigt, ohne dafür haften zu müssen, und die die Wertschöpfung höchst einseitig verteilt. Diese Wirtschaft tötet. Sie tötet Menschen. Sie tötet auch die Demokratie. Man kann das am Beispiel der sogenannten Freihandelsabkommen studieren, die zwar die Freiheit im Namen führen, aber die Demokratie knebeln. Gewiss: Solche Regeln werden von Menschen gemacht; aber solche Abkommen dienen auch dazu, den Menschen das Gesetz des Handelns immer mehr zu entziehen, weil sie zum Beispiel festschreiben, dass bestimmte „Liberalisierungen" nie mehr rückgängig gemacht werden können.

Diese Wirtschaft tötet: Ein wenig erinnert Papst Franziskus da an den Zorn Gottes, an die berühmte Szene, in der Jesus die Geldwechsler aus dem Tempel hinauswirft. „Tempelreinigung" nennen die Theologen das. Sie heißt nicht so, weil Jesus den Tempelboden geputzt hätte, sondern weil er falsche Einstellungen hinauswarf. Öfter als von „Freiheit" redet die Bibel von „Befreiung". Der Apostel Paulus sagt: Zur Freiheit habe Christus die Menschen befreit, darum sollen sie fest stehen und sich nicht wieder das Joch der Knechtschaft auferlegen lassen. Freiheit hat man also nicht einfach, sie ist nicht einfach da – zur Freiheit muss man immer wieder befreit werden. Die Bibel kennt nicht die Freiheit an sich. Sie kreist um die gefährdete, um die nicht eingelöste Freiheit. Es geht immer wieder um die Befreiung aus konkretem Unrecht, und darum immer wieder um die Frage nach der Macht. Befreit werden nicht die sogenannten Eliten, auf dass sie zügellos sein können. Befreit werden die Elenden, die Machtlosen – auf dass sie aufatmen können.

# Niemand hat
# Salma getötet

S almas Leben endet im Januar 2014. Da ist es neun Monate her, dass sie dem Tod entronnen ist. Im Grunde ist sie schon an diesem 24. April 2013 gestorben, in Sava am Rand der wuchernden Stadt Dhaka in Bangladesh. Salma ist da Näherin. Sie hat das Glück, eine Arbeit gefunden zu haben. Diese Arbeit ist nur wenig besser als direkt in die Hölle hinabzusteigen: Bis zu 100 Stunden die Woche sitzen die Frauen zusammengepfercht bei Feuchtigkeit und Hitze vor der Nähmaschine. Die Aufseher schimpfen und schlagen zu, wenn eine der Frauen langsamer wird, einen Fehler macht. Aber es gibt Geld, 75 Euro im Monat, wenig ist das, aber besser als Hunger und Verzweiflung. Das Haus, in dem Salma arbeitet, hat neun Stockwerke. Genehmigt waren einmal sechs, aber der Besitzer, Mohammed Sohel Rana, hat noch drei obendrauf bauen lassen, für noch mehr Frauen an noch mehr Nähmaschinen.

Der Boden ist sumpfig, die Wände sind zu dünn für die Last, der Beton ist mit Sand gestreckt. Die T-Shirts, die hier genäht werden, kosten in Europa drei Euro, die Hosen zehn, die Kleider zwanzig. Die Menschen dort wünschen Sonderangebote, Herr Rana will ein schönes Leben führen, es muss so billig wie möglich gebaut werden. Am 23. April zeigen sich Risse in dem Gebäude. Die mehr als dreieinhalbtausend Menschen, die im Rana Plaza arbeiteten, werden nach Hause geschickt. Die Männer von der Distriktverwaltung untersuchen das Haus und sagen: Das hält noch hundert Jahre. Am 24. April gegen halb neun Uhr am Vormittag fällt der Strom aus. Das Stöhnen des sterbenden Hauses übertönt die anspringenden Dieselgeneratoren. 90 Sekunden später ist dort, wo die Fabrik stand, ein Berg aus Beton und Stahl und zerschmetterten Menschen. 1138 Tote wird man offiziell zählen, viele hat der Beton zermalmt, dass nichts mehr von ihnen zu finden ist. Und überall zwischen den Trümmern leuchten Shirts, Kleider, Hosen, genäht für Primark, für Kik, für fast alle europäischen Billigmarken.

## Es stirbt ein Haus – es sinkt ein Boot

Salma hat an diesem Tag gearbeitet. Vier Tage liegt sie unter den Trümmern, dann ziehen die Retter sie aus dem Todesberg. Ihr Körper heilt, die Seele nicht. Immer wieder schlägt sie sich selber, mit Stöcken, Schuhen, einem Holzlöffel, hämmert sie ihren Kopf an die Wand, weil der Schmerz nicht mehr aufhören will. Am 31. Januar erhängt sie sich in ihrer Hütte. Sie ist da 27 Jahre alt.

Niemand hat Salma getötet. Sie hat sich selber umgebracht. Und für das Unglück, das ihre Seele tötete, ist Mister Rana aus Dhaka verantwortlich. Verantwortlich sind die Leute, die den Beton mischten, und die schlampigen und korrupten Behördenvertreter. Es tötet auch niemand die Kinder, die im mittelamerikanischen Regenwald ausgerechnet dort baden, wo das Öl aus den Bohrlöchern das Wasser verseucht: Können da die Eltern nicht aufpassen? Niemand tötet die Flüchtlinge, die in Tunesien oder Libyen in Boote steigen, die dem Meer nicht gewachsen sind. Sind sie nicht Opfer ihrer eigenen Illusionen, ihrer Hoffnungen auf die Krümel vom Tisch der Reichen, der zynisch menschenverachtenden Schlepper? Wären sie nicht besser zu Hause geblieben?

Es tötet auch niemand die Menschen, die in Europa am Infarkt sterben, weil das Herz den Stress nicht mehr ausgehalten hat. Überall auf der Welt ist es verboten, Häuser so schlecht zu bauen, dass sie einstürzen. Nirgendwo ist es erlaubt, Kinder mit Erdölresten zu vergiften oder Menschen absichtlich in Seenot zu bringen. Nirgendwo gibt es Gesetze, die Menschen zwingen, eine Arbeit anzunehmen, bei der sie sich die Gesundheit ruinieren oder gar sterben. Nein, „diese Wirtschaft" tötet nicht. Sie ist keine Terrororganisation, sie finanziert keine Todesschwadronen und beauftragt keine Henker, die in ihrem Namen Menschen exekutieren.

## *Und niemand ist schuld?*

Und doch geschieht da etwas, das die Menschen in den reichen Ländern nicht in Frieden lassen darf, das ihr gutes Gewissen beunruhigen sollte und ihre Art zu leben in Frage stellen. Denn diese Tode geschehen nicht einfach nur, weil es böse Menschen gibt, die andere töten oder den Tod anderer in Kauf nehmen. Sie passieren nicht einfach, weil es dumme, unwissende und leichtsinnige Menschen gibt, die in der Gefahr umkommen, in die sie sich begeben haben. Es gibt Zusammenhänge, die diese Tode nicht nur individuell sein lassen.

Das Rana Plaza in Bangladesh wurde billig gebaut, damit Europas Konsumenten billige Kleider kaufen können. An einem T-Shirt wollen die Händler und Zwischenhändler verdienen, die Einkäufer, die Besitzer der Baumwoll-Plantagen, die Fabrikanten in Bangladesh und eben die Leute, die den Fabrikanten die Fabrikräume vermieten. Man muss einmal in einem dieser großen Primark-Läden gewesen sein um zu verstehen: Hier kauft in der Regel nicht der Arme ein, der die Blöße seines Körpers ohne ein Drei-Euro-Shirt nicht bedecken könnte. Wer hierher kommt, genießt auch das Gefühl, in großen Kleiderstapeln wühlen zu dürfen, enge Hosen, coole Shirts, süße Röcke und große Taschen zu horten und am Ende weniger als 50 Euro zu bezahlen. Es ist ein Erlebnis, bei Primark einzukaufen. Es geht nicht mehr darum, die Grundbedürfnisse des Lebens zu befriedigen, nicht mehr um ein konkretes Bedürfnis, das der Verbraucher haben mag. Der Einkauf macht die flüchtig gewordene Identität des Käufers stabil – für eine kurze Zeit. Er ist Teil einer Kultur, einer kollektiven Identität geworden. Andere, ob in den Fabriken für die billigen Klamotten oder in jenen für die teure Markenkleidung, bezahlen diese Kultur. Mit schlechten Arbeitsbedingungen und schlechten Löhnen, mit ihrer Gesundheit. Und manche auch mit dem Leben.

Es werden Kinder krank, weil die Welt nach Öl dürstet. Jeden Sommer ertrinken im Mittelmeer tausende Flüchtlinge, weil sie in ihrer Heimat keine Lebensperspektive haben und es in Europa Bedarf an Erntehelfern, Spülkräften und anderer billiger Arbeit gibt. Familien werden auseinandergerissen, weil Eltern in ferne Länder ziehen oder ihre Kinder allein in ferne Länder schicken – in der Hoffnung, dass es ihnen irgendwann vielleicht einmal besser gehen wird. Gut ausgebildete, intelligente Menschen arbeiten sich zu Tode, um das Geld dann doch nicht sinnvoll ausgeben zu können, das sie bekommen haben.

## Der Aufschrei des Papstes

Es gibt eine Macht, die hinter diesen Toden steht. Es ist die Macht einer globalisierten Wirtschaft, die Macht des Geldes und des Kapitals, eines weltweiten Marktes, auf dem das Gesetz des Stärkeren regiert. Es ist die erfolgreichste Macht in der Geschichte der Menschheit. Sie hat Milliarden Menschen Wohlstand und Gesundheit gebracht, ein Leben in gewärmten oder gekühlten Häusern, ohne Hunger, mit Bildung, der Freiheit zu reisen. Aber sie tötet. Sie tötet, weil sie maßlos ist, wenn man sie nicht begrenzt, diese Macht. Sie tötet, weil sie in den Menschen die Gier nach Profit weckt, bis sie die anderen Menschen vergessen, weil sie auf Kosten der Armen und Schwachen funktioniert, auf Kosten der Umwelt, des Klimas und der Ressourcen dieser Erde.

Einer hat das angesprochen, in aller Schärfe und Klarheit. „Diese Wirtschaft tötet", schreibt Papst Franziskus in seinem Schreiben „Evangelii Gaudium", das er zum 1. Advent 2013 veröffentlicht hat. Er hat es eine Exhortatio genannt, eine Erklärung, eine Ermahnung. „Evangelii Gaudium" ist eine Anleitung zum rechten Tun, es ist eine Meditation über die „Freude des Evangeliums", die sich einstellt, wenn man Gott und die Menschen liebt – und daraus Konsequenzen zieht. In der Umgebung des Papstes heißt es: Es ist sein Regierungsprogramm.

Es ist das Programm für die größte Glaubensgemeinschaft der Welt, die katholische Kirche mit ihren mehr als 1,2 Milliarden Gläubigen; mehr noch: Es ist ein Programm für alle zwei Milliarden Christen auf dieser Welt.

Es ist ein Aufschrei, den der Papst da in die Welt schickt. „Es ist unglaublich, dass es kein Aufsehen erregt, wenn ein alter Mann, der gezwungen ist, auf der Straße zu leben, erfriert, während eine Baisse um zwei Punkte an der Börse Schlagzeilen macht", schreibt er. „Es ist nicht mehr zu tolerieren, dass Nahrungsmittel weggeworfen werden, während es Menschen gibt, die Hunger leiden. Als Folge dieser Situation sehen sich große Massen der Bevölkerung ausgeschlossen und an den Rand gedrängt: ohne Arbeit, ohne Aussichten, ohne Ausweg (...) Einer der Gründe dieser Situation liegt in der Beziehung, die wir zum Geld hergestellt haben, denn friedlich akzeptieren wir seine Vorherrschaft über uns und über unsere Gesellschaften. Die Finanzkrise, die wir durchmachen, lässt uns vergessen, dass an ihrem Ursprung eine tiefe anthropologische Krise steht: die Leugnung des Vorrangs des Menschen! Wir haben neue Götzen geschaffen. Die Anbetung des antiken Goldenen Kalbs hat eine neue und erbarmungslose Form gefunden im Fetischismus des Geldes und in der Diktatur einer Wirtschaft ohne Gesicht und ohne ein wirklich menschliches Ziel. Die weltweite Krise, die das Finanzwesen und die Wirtschaft erfasst, macht ihre Unausgeglichenheiten und vor allem den schweren Mangel an einer anthropologischen Orientierung deutlich – ein Mangel, der den Menschen auf nur eines seiner Bedürfnisse reduziert: auf den Konsum."

Für Franziskus geht das Ungleichgewicht zwischen einer reichen Minderheit und der armen Mehrheit auf der Welt zurück auf „Ideologien, die die absolute Autonomie der Märkte und die Finanzspekulation verteidigen". Es entstehe so „eine neue, unsichtbare, manchmal virtuelle Tyrannei, die einseitig und unerbittlich ihre Gesetze und ihre Regeln aufzwingt. Außerdem entfernen die Schulden und ihre Zinsen die Länder von den praktikablen Möglichkeiten ihrer Wirtschaft und die Bürger von ihrer realen Kaufkraft. Zu all dem kommen eine verzweigte Korruption und eine egoistische Steuerhinterziehung hinzu, die weltweite Dimensionen angenommen haben. Die Gier nach Macht und Besitz kennt keine Grenzen", urteilt Franziskus. „Hinter dieser Haltung verbergen sich die Ablehnung der Ethik und die Ablehnung Gottes."

## *Eine neue Tyrannei*

Die katholische Kirche ist traditionell kapitalismuskritisch: Eigentum und Erfolg sind Gaben Gottes, sie gehören aber nicht nur dem, der sie hat, der Wohlstand ist gemeinschaftspflichtig. Schon Papst Leo XIII. klagt in seinem Lehrschreiben „Rerum Novarum" 1891: „Das Kapital ist in den Händen einer geringen Zahl angehäuft, während die große Menge verarmt". 40 Jahre später verlangt Papst Pius XI. in seiner Enzyklika „Quadragesimo Anno" den Ausgleich zwischen Kapital und Arbeit. Er setzt dem Konfliktmodell der Sozialisten und Kommunisten, wonach der Kapitalismus bekämpft werden muss, bis die neue, kommunistische Gesellschaft Wirklichkeit geworden ist, ein Harmoniemodell entgegen. Er erklärt aber auch den Manchester-Kapitalismus, der auf die größtmögliche Ausbeutung der Arbeiter setzt, für unmoralisch.

Wieder 40 Jahre später geht Papst Johannes Paul II. einen Schritt weiter: Die Arbeit hat Vorrang vor dem Kapital, sagt er in seinen Sozialenzykliken „Centesimus annus" und „Sollicitudo rei socialis". Das Eigentum ist nicht einfach aus sich heraus ethisch gerechtfertigt. Es verpflichtet den Eigentümer, sein Geld für eine gerechte und soziale Welt einzusetzen, in der Menschen zu fairem Lohn und fairen Bedingungen arbeiten können – denn dies ist Teil der Menschenwürde. Die Enzyklika „Caritas in Veritate" seines Nachfolgers Benedikt XVI. hat das wiederholt; so steht Jorge Mario Bergoglio aus Buenos Aires in einer langen Tradition.

## Ist Franziskus naiv?

Doch noch nie hat ein katholisches Kirchenoberhaupt seine Kritik so hart und deutlich formuliert, und das noch in seinem ersten Schreiben an die gesamte Welt, in seiner Programmschrift: Diese Wirtschaft tötet. Sie tötet, weil sie an das Geld glaubt und den Erfolg heiligt, weil sie sich selber zum Götzen der globalisierten Welt gemacht hat. Franziskus sieht die katholische Soziallehre nicht mehr nur als korrigierende Mitgestaltungskraft des Weltwirtschaftssystems. Es reichte ihm nicht, etwas mehr sozialen Ausgleich zu fordern, bessere Löhne und Arbeitsbedingungen und eine effiziente Kontrolle der globalen Finanzströme. Er sieht zwei Glaubenssysteme in Konkurrenz zueinander. Er sieht deshalb die katholische Kirche und insgesamt die Christenheit auch auf dem religiösen Gebiet herausgefordert: Du sollst keine fremden Götter neben mir haben, gebietet das Erste Gebot im Buch Genesis. Das Geld, der Konsum und der

freie Markt sind fremde Götter geworden. Das ist die Kampf-
ansage, die im Schreiben dieses Papstes enthalten ist.

Kein Wunder, dass die Sätze auf Kritik stoßen. Es sei naiv,
was Franziskus da sage. Diese Wirtschaft habe – bei allem,
was man im Detail kritisieren könne – der Welt mehr Segen
als Schaden gebracht. „Die Äußerungen des 266sten Papstes
sind repräsentativ für die moderne Unkenntnis vieler Christen über die politische Ökonomie einer wirklich freien Marktwirtschaft," urteilt der Wirtschaftswissenschaftler Robert
Grözinger. Marc Beise, der Leiter des Wirtschaftsressorts der
*Süddeutschen Zeitung*, schreibt dort: „Diese Wirtschaft tötet,
härter geht das nicht. Falscher auch nicht." Und selbst in der
*taz* kritisiert die Wirtschaftsjournalistin Ulrike Herrmann,
der Papst bleibe bei allem Pathos wolkig und unkonkret.

Die Bischöfe in Deutschland und Westeuropa wiederum
versuchen seit dem Erscheinen von „Evangelii Gaudium", des
Papstes harten Satz einzuordnen. Franziskus habe dabei vor
allem die Lage in Argentinien und Lateinamerika vor Augen,
erklärt der Mainzer Kardinal Karl Lehmann: „Der neue Papst
kommt aus der Dritten Welt. Er bringt als sehr menschennaher
Seelsorger auch die Wirklichkeit eines kruden, aber eben immer auch noch wirksamen Manchester-Kapitalismus mit, der
in dieser Form in den feinen Stuben fortschrittlicher und zivi-
lisierter Länder so nicht auftritt und hier nur noch ‚historisch‘
erscheint. Deswegen erinnert uns Papst Franziskus gewiss an
die unglückliche Wirtschaftsgeschichte seiner Heimat Argen-
tiniens." Sein Amtsbruder, der Münchner Kardinal Reinhard
Marx dagegen findet es durchaus gut, dass Franziskus so hart
gesprochen hat, findet aber auch: „Kapitalismus und Markt
wirtschaft sind nicht dasselbe. Der Begriff Kapitalismus führt

in die Irre wie alle ‚-ismen', die vorgeben, das ganze Leben von einem bestimmten Punkt aus definieren zu können. Was wäre das für eine Sicht von Wirtschaft und Gesellschaft, die den Ausgangspunkt beim Kapital nimmt und die handelnden Menschen zu Randbedingungen oder Kostenfaktoren macht? Wer wirtschaftliches Handeln auf Kapitalismus reduziert, hat nicht nur den moralisch falschen Ausgangspunkt gewählt, sondern irrt auch langfristig ökonomisch."

## Guter Kapitalismus ...

Ja, Papst Franziskus hat sicher die Argentinien-Krise im Kopf gehabt, als er seine Sätze schrieb: Zwischen 1998 und 2002 litt das Land unter einer Hyperinflation, mehr als die Hälfte der Argentinier war zeitweise arm, jeder vierte arbeitslos, Banken brachen zusammen, der Staat stand vor dem Bankrott – teils war die Krise hausgemacht, sie war zum Beispiel auch eine Spätfolge des Falklandkrieges 1983 und der daraufhin einsetzenden Kapitalflucht. Und ja: Es gibt einen großen Unterschied zwischen der sozialen Marktwirtschaft im reichen Deutschland mit all ihren Ausgleichs- und Verteilmechanismen und dem, was die Armen in Lateinamerika und Afrika an Brutalo-Kapitalismus erleben; einen kleineren gibt es, wenn man Großbritannien, die USA oder Spanien zum Vergleich hernimmt, aber auch hier sind die Unterschiede offensichtlich. Es gibt nicht „die" Wirtschaft auf der Welt.

Und trotzdem: Der böse Brutalo-Kapitalismus und die angeblich gute soziale Marktwirtschaft hängen zusammen. Die Argentinien-Krise war auch ein Vorbote der globalen Finanzkrise ein Jahrzehnt später, sie entstand auch, weil ein Land radikal und rücksichtslos den Staat privatisiert hatte, so wie es Wirtschaftsvertreter von und in allen Staaten fordern. Die Kleider, die im Rana Plaza in Bangladesh genäht wurden, lagen auch in deutschen Geschäften zum Verkauf aus. Der Wunsch der Industrieländer nach Biodiesel erhöht die Nahrungsmittelpreise in Afrika. Die Beschleunigungsmechanismen der Weltwirtschaft und der Finanzströme erfassen Europa und die USA genauso wie Afrika, Asien und Lateinamerika, spätestens die weltweite Finanzkrise nach 2008 hat gezeigt, dass einzelne Volkswirtschaften nur noch begrenzt eigenständig sind. Der Markt ist die Welt, das ist der Segen, aber eben auch der Fluch der globalisierten Wirtschaft.

## ... und böser Kapitalismus gehören zusammen

Und diese Wirtschaft tötet – das ist nicht nur ein vielleicht ein bisschen scharf formuliertes Verdikt des Papstes aus Argentinien. Nach Ansicht vieler Forscher stiegen 2007 und 2008 die Nahrungsmittelpreise gerade in den armen Ländern wegen der Finanzkrise – die Börsenhändler spekulierten verstärkt mit Grundnahrungsmitteln. 2009 stellte die FAO, die Ernährungs- und Landwirtschaftsorganisation der Vereinten Nationen fest, dass seit Ausbruch der Krise die Zahl der hungernden Menschen um 100 Millionen auf eine Milliarde gestiegen sei. Als im gleichen Jahr die Staats- und Regierungschefs der G 20 tagten, um die Krise einigermaßen in den Griff zu kriegen, sagte ihnen der damalige Weltbank-Präsident Robert Zoellick beim Abendessen, dass als Folge des Bankenversagens die Kindersterblichkeit steigen und 200 000 Neugeborenen das Leben kosten würde. Die Anwesenden sollen erschrocken gewesen sein.

Der Papst ist kein Marxist, wenn er sagt: Diese Wirtschaft tötet. Er ist es jedenfalls nicht im Sinne des Marxismus-Leninismus, aus dem die osteuropäischen Planwirtschaften entstanden. Dann wäre seine Kritik leicht zu entschärfen. Alle sozialistischen Wirtschaften, die versucht haben, in die Tat umzusetzen, was Karl Marx einst lehrte, haben es nicht geschafft, gute und gerechte Lebensbedingungen für die Menschen zu schaffen. Maos und Stalins Experimente brachten Millionen Menschen den Hungertod. Die Planwirtschaft der im Grunde wohlhabenden DDR war am Ende eine Mangelwirtschaft um den Preis der gnadenlosen Umweltzerstörung, der die Menschen davonliefen und die allen ethischen Kredit verloren hatte.

## Der Papst, ein Marxist?

Der Papst aber ist auch kein Marxist, wie es viele Befreiungstheologen waren und sind, die im Marxismus ein Gegenbild zum ungerechten Kapitalismus fanden und in der marxistischen Analyse einer zum Monopol und irgendwann zur Selbstzerstörung drängenden Wirtschaftsform ein treffendes Bild der Gegenwart sahen. Franziskus hat das selber betont, als das Erschrecken über seinen Satz die Runde machte. Jorge Mario Bergoglio kommt aus der argentinischen „Theologie des Volkes", die nicht mit der historischen marxistischen Geschichtsanalyse argumentiert, und wenn er in Buenos Aires mit irgendjemandem Streit hatte, dann mit der linkspopulistischen Regierung. Auf einem anderen Blatt steht, dass Franziskus in „Evangelii Gaudium" letztlich die Analyse von Karl Marx ins Religiöse übersetzt, das Kapital sei ein Wert an sich, dem es nicht auf die Befriedigung von Bedürfnissen der Menschen ankomme, sondern aus reinem Selbstzweck angehäuft werde.

## *Ein Wahrheitssager*

Franziskus ist kein Propagandist der Enteignung oder der Planwirtschaft. Er hat auch kein fertiges postmaterialistisches Wirtschaftsprogramm in der Tasche. Er redet nicht über Zinsverzicht oder Tauschgesellschaften, er widmet sich nicht der Frage, ob eine weltweite Finanztransaktionssteuer eingeführt werden sollte und wie. Franziskus argumentiert zunächst einmal religiös. Er beginnt auf dem ethischen und moralischen Gebiet. Das lässt ihn in den Augen vieler Wirtschaftsfachleute naiv erscheinen: Moral ohne Sachkenntnis – was soll das? Gerade dies aber macht die Ermahnung des Papstes so stark: Er redet in der Wahrheitskategorie. Und das gibt ihm die Möglichkeit, ohne alle Rücksicht auszusprechen, was wahr ist: Diese Wirtschaft tötet. Das stimmt auch dann, wenn diese Wirtschaft die beste aller derzeit möglichen Formen ist, Waren und Dienstleistungen zu produzieren und zu verteilen, Menschen in Lohn und Brot zu bringen. Das stimmt auch, wenn sich der Sozialismus und die Planwirtschaft als tödlicher Irrweg erwiesen haben. Der Papst denkt nicht in Vergleichen und Alternativen. Er denkt absolut.

Das ist das Programm des Mannes, der sich als erster Papst in der Geschichte den Namen des heiligen Franziskus gab, des reichen Jünglings, der sich vor Gericht nackt machte, dem Besitz entsagte und fortan als Armer lebte. Deshalb fordert Jorge Mario Bergoglio von den Christen, dass sie an die Ränder der Städte, Dörfer und der Existenzen gehen, zu den Vergessenen, Ausgeschlossenen, Verzweifelten. Franziskus ist als erstes ins Flüchtlingslager nach Lampedusa gereist – nicht, um dort eine neue Strategie für die europäischen Frontex-Gruppen zu fordern oder einen Plan für die Lösung des weltweiten Flüchtlingsproblems vorzustellen. Er wollte bei den Ärmsten sein, die an Europas Grenzen abprallen, bei den Menschen mit den zerbrochenen Träumen, deren Mitreisende im Meer ertrunken sind, bei den Opfern. Er hat nicht das Schengen-Abkommen kritisiert oder den Schlüssel, mit dem die Flüchtlinge innerhalb Europas in die verschiedenen Länder geschickt werden – er hat die „Globalisierung der Gleichgültigkeit" angeprangert. Der Papst kommt zur moralischen Wahrheit: Es wird keine Lösung des Flüchtlingsproblems geben, solange die reichen Länder sich mit Gleichgültigkeit panzern. Mit den gleichen Maßstäben betrachtet er die globale Wirtschaft. Sie tötet und wird weiter töten, wenn die Besitzenden und Mächtigen nicht die Gleichgültigkeit ablegen, nicht ihr Herz zerreißen lassen. Erst dann wird sich die weltweite Ungerechtigkeit tatsächlich an der Wurzel fassen lassen.

Das ist politisch, hochgradig politisch. Man kann sich nicht das Herz zerreißen lassen und dann untätig bleiben. Man kann nicht ohne Konsequenz die Gleichgültigkeit ablegen. Die moralische Einsicht drängt dazu, in Alternativen zu denken. Man kann nicht das Elend der Flüchtlinge beklagen ohne zu fordern, sie aus dem Meer zu retten und sie dann gerecht zu behandeln – und tatsächlich hat die italienische Küstenwache ihre Taktik geändert, seit der Papst in Lampedusa die „Globalisierung der Gleichgültigkeit" beklagte. Sie hat die eigene Gleichgültigkeit überwunden und rettet nun zu Hunderten die Ertrinkenden aus dem Meer. Und so muss auch aus der Erkenntnis, dass die absolute Herrschaft des Geldes das Leben bedroht und deshalb ein Moralproblem hat, die Konsequenz folgen: Es ist über Alternativen nachzudenken.

## Die Globalisierung der Gleichgültigkeit

Im reichen Westen heißt dies, das eigene Verhältnis zum Geld zu klären, die Reichtumsfrage zu stellen. Der Konflikt zwischen Besitz und Glauben ist so alt wie das Christentum selbst. Jesus war das Geld egal, ging es um das Reich Gottes. Den irdischen Reichtum, so predigte er, fressen eines Tages die Motten und der Rost. Die Kirche aber, die nach seinem Tod entstand, war bald reich. Die Gemeinde in Rom konnte dem reichen Reeder Marcion, als der im Streit die Gemeinde verließ, jene 100 000 Sesterzen zurückzahlen, die er einst der Gemeindekasse gestiftet hatte. Doch wie vertrug sich das mit dem Armutsgebot Jesu? Der Philosoph und Theologe Clemens von Alexandrien fand im 3. Jahrhundert die Antwort: Es kommt nicht darauf an, seinen Besitz tatsächlich zu verschenken – man soll im Inneren frei von ihm sein und ihn zum Guten nutzen. Die Kirche und das Geld schlossen Frieden. Daran änderten auch die Mönche nichts, die immer wieder neu in die Wüste zogen, um das Abenteuer der selbst gewählten Armut zu suchen – der heilige Franziskus verbot seinen Mönchen, Geld auch nur anzufassen.

Die ideelle Grundlage für diesen Frieden schuf der Kirchenlehrer Thomas von Aquin in seiner „Summa theologica": Seit dem Sündenfall treffen die unbegrenzten Bedürfnisse des Menschen auf begrenzte Ressourcen, das muss mit einer gerechten Wirtschaftsordnung im Gleichgewicht gehalten werden, sonst bricht die Gesellschaft auseinander und endet in Mord und Totschlag. Es ist ein harmonisches, statisches Modell mit gesichertem Privateigentum, gerechten Preisen und ohne Wucherzins, mit fairem Interessenausgleich zwischen Anbieter und Käufer, Produzent und Konsument. Jeder soll auf seinem Platz das Bestmögliche tun, als Bauer, Handwerker, Knecht oder Magd. Der Gedanke, dass es Karrieren geben könnte, ist dem Modell genauso fremd wie die Idee, dass einer mit einem besseren Produkt die Konkurrenz ausschaltet oder mit geliehenem Geld investiert, um sein Unternehmen zum Marktführer zu machen.

## Alte und neue Gerechtigkeitsrisiken

In der Renaissance und der Aufklärung gerät dieses Modell in Konflikt mit der Wirklichkeit – und damit die katholische Kirche in den zunehmenden Gegensatz zur entstehenden kapitalistischen, arbeitsteiligen Wirtschaft. Es gibt zahlreiche Erfindungen, Welt und Gesellschaft werden beweglich, die Gedanken frei. Den Vertretern der katholischen Lehre ist das nicht weniger unheimlich als die Erkenntnisse von Nikolaus Kopernikus und Galileo Galilei, dass die Erde keine Scheibe ist und sich um die Sonne dreht. Das Harmoniemodell, in dem jeder seinen festen und gesicherten Platz im Leben hat, bröckelt. In den Augen der Kirche macht dieser Fortschritt den Menschen wurzel- und haltlos und zur leichten Beute der Sünde.

Die Vorstellung vom freien Markt und dem freien Spiel der Kräfte in der Wirtschaft, vom Wert der Konkurrenz für den Fortschritt, ist also ursprünglich eine aufklärerische, freiheitliche Idee. Sie setzt den freien, selbstverantwortlichen Menschen voraus, und so überrascht es wenig, dass der Protestantismus ein positives Verhältnis zum entstehenden Kapitalismus findet: Gott zeigt sein Wohlgefallen darin, dass er den fleißigen Menschen, der aus seinen Talenten etwas macht, mit Erfolg und Wohlstand belohnt. Erfolg und Wohlstand erhalten eine religiöse Dimension.

Das prägt auch den englischen Philosophen Adam Smith, den Begründer der Nationalökonomie – obwohl der gar nicht von Gott redet. In seinem Hauptwerk über den „Wohlstand der Nationen" schreibt er: Das Glück des Einzelnen und der Wohlstand der Allgemeinheit wächst, wenn jeder nach seinem individuellen Glück und Wohlstand strebt, im Rahmen der geltenden Gesetze natürlich. Die Summe des Eigennutzes gibt den Gesamtnutzen, eine „unsichtbare Hand" lässt auf wunderbare Weise aus der Summe des Einzelstrebens den kollektiven Wohlstand entstehen. Smith verwendet das Bild von der „unsichtbaren Hand" in seinem gesamten Werk nur vier Mal – und doch wird es zum Leitbild der Ökonomie. Eine geheimnisvolle, überpersönliche Macht lenkt alles zum Guten, wenn man sie nur frei wirken lässt, die Zollschranken niederreißt und den staatlichen Dirigismus begrenzt (allerdings auch alle Monopole bekämpft). Sie sorgt dafür, dass, wenn jeder an sich denkt, am Ende tatsächlich an alle gedacht ist – der Egoismus erhält hier seine ethische Rechtfertigung. Die unsichtbare Hand des Marktes hilft auch den Armen. Denn wenn die Reichen im Überfluss leben, können sie die unterstützen, die nichts haben, so, wie es den kleinen Spatzen gut geht, wenn die Pferde reichlich zu fressen haben und ihnen die Pferdeäpfel als reiche Mahlzeit hinterlassen.

## *Die unsichtbare Hand*

Das Bild von der unsichtbaren Hand ist ein religiöses Bild. Es ist das Bild eines innerweltlichen Gottes, der die Welt auf manchmal rätselhafte Weise zum Guten führt, wenn man seine Gebote befolgt. Adam Smith setzt es selbstbewusst gegen ein Gottesbild, das den Menschen in Unmündigkeit halten will, gegen den starren Merkantilismus in den Königreichen und Fürstentümern seiner Zeit. Das ist bis heute sein großer Verdienst. Welche Probleme das einmal mit sich bringen würde, kann Smith damals nicht ahnen.

Die Idee von der freien Wirtschaft, in der die unsichtbare Hand die vielen Eigeninteressen zum gesamten Guten führt, hat sich durchgesetzt, gegen das vormoderne Ständemodell, gegen das sozialistische Modell. Die kapitalistische Wirtschaft, die aus diesem Modell heraus entstanden ist, hat sich als erstaunlich wandlungs- und lernfähig erwiesen. Sie hat tiefe Krisen überstanden, den Gründerkrach der 1870er Jahre, die Hyperinflation in Deutschland 1923 und den Börsencrash in den USA 1929. Sie hat in Westeuropa und Nordamerika Hunger und Armut beseitigt, in Asien beides zurückgedrängt.

Sie hat in den reichen Industriestaaten Mechanismen des sozialen Ausgleichs und der staatlichen Kontrolle erst hingenommen, dann akzeptiert, schließlich sogar in gewissem Rahmen bejaht, in der Erkenntnis, dass der soziale Frieden und ein stabiler Rechtsstaat Grundlagen des wirtschaftlichen Erfolges sind. Sie hat das nicht aus eigenem Antrieb getan – es brauchte den Druck der Arbeiterbewegung, um Arbeitszeiten und Arbeitsbedingungen menschlicher zu machen und höhere Löhne zu erstreiten. Erst die Angst vor dem Sozialismus brachte die Sozialgesetze. Erst eine starke Demokratie konnte Regeln für den freien Markt durchsetzen. Die freie Wirtschaft braucht ein starkes Gegenüber. Die unsichtbare Hand alleine schafft keinen gerechten Ausgleich. Die Schwachen schützt sie schon gar nicht von alleine.

## *Das erfolgreichste Modell der Welt*

Nun aber droht sich das Erfolgsmodell zu verselbständigen. Es droht das kontrollierende Gegenüber zu schwächen, handlungsunfähig zu machen, gar zu vernichten; es stempelt die Zweifler zu Häretikern ab. Das Christentum hat in schmerzhaften Prozessen die Grenzen seiner Glaubenssätze und Wahrheitsansprüche erkennen müssen – die ökonomischen Erklärungsmodelle haben dagegen ihren Wahrheitsanspruch ausgeweitet, mit eigenen Dogmatisierungsprozessen. Verstärkt wurde der Prozess durch das Ende der sozialistischen Staaten nach 1989. Francis Fukuyamas These vom „Ende der Geschichte" bedeutete nichts anderes, als dass die westliche Lebens-, Gesellschafts-, Politik- und Wirtschaftsform nun ewig währen und sich höchstens in Details ändern würde, es war die säkularisierte Variante der christlichen Heilsvision vom Gottesreich, das am Ende der Menschenzeit anbrechen wird. Beschleunigt wurde die Entwicklung durch den Siegeszug des Internets und der Datentechnik, die es erlaubte, in Bruchteilen von Sekunden weltweit mit Aktien, Währungen und Waren beziehungsweise Optionen auf Aktien, Währungen und Waren zu spekulieren, mit Wetten auf Kurse und Preise. Viele Händler und Gründer von IT-Unternehmen handelten und redeten Ende der 1990er Jahre wie im Rausch. Ein neues Zeitalter schien angebrochen, ein neuer Himmel offen zu stehen. Als die IT-Blase platzte, war das Innehalten nur kurz.

## *Gefährliche Religion*

Das alles hat sich mehr und mehr zu einer transzendenzlosen säkularen Religion verdichtet, in der alles in ökonomischen Kategorien messbar wird. Liebe ist in dieser Sicht eine emotionale Zugewinngemeinschaft, der Behinderte erfüllt insofern seinen Zweck, als dass er in seiner Hilfsbedürftigkeit das Zuwendungskapital einer Gesellschaft erhöht. Werte sind eine Frage des Preises, jenseits dessen sie nicht mehr gelten. Frisch Verliebten kann diese Perspektive helfen, auf den Boden zurückzukommen. Und ja: Die Werte, die in einer Gesellschaft gelten, waren immer schon wandelbar. Doch was ist, wenn die Rechnung beim Menschen im Rollstuhl negativ ausgeht? Was ist, wenn die Existenz von Menschen rote Zahlen verursacht? Wenn die Kategorien des menschlichen Miteinanders die Kategorien von Soll und Haben werden?

Rote Zahlen gefährden die Existenz. Das Allerheiligste in diesem System der totalen Ökonomisierung sind diese Zahlen – sie suggerieren Wahrheit, Nachprüfbarkeit, Objektivität. Der Hamburger Mathematiker Claus-Peter Orthlieb hat 2010 diesen Zahlenfetischismus die „Magie der Aufklärung" genannt: „Zahlen haben in der Moderne einen unglaublichen Bedeutungszuwachs erfahren, und gerade die Ökonomie versucht, den Naturwissenschaften nachzueifern, indem sie sich als Sozialphysik versteht. Das führt dann in der Tat zu magischem Denken." Gewinn und Verlust treten an die Stelle von Gut und Böse. Schuld und Sühne finden ihre Entsprechungen in Schulden, Zins und Tilgung.

Der US-amerikanische Anthropologe David Graeber, ein Vordenker der Occupy-Bewegung, hat diesen Zusammenhang von Schuld und Schulden in einem so fulminanten wie umstrittenen Buch („Schulden. Die erste 5000 Jahre") herausgearbeitet: Du musst zurückzahlen um jeden Preis, sonst gehörst du ganz dem Gläubiger. Du wirst zum Sklaven, egal, ob die Kinder hungern oder, handelt es sich um verschuldete Staaten, ob die Bildung verkommt oder Sozialprogramme gekürzt werden. Für Graeber ist dies die Grundannahme einer perversen Ethik, die gegenüber dem Wert des Menschlichen ignorant ist. Noch weiter fasst der tschechische Ökonom Tomáš Sedláček das Thema. Die Ökonomie ist gar nicht so objektiv, wie sie tut. Sie lebt auch von kulturellen Vorstellungen, von Vorstellungen vom Menschen, von ethischen Kategorien wie Gut und Böse. Sie muss sich daher auch fragen lassen, welchen Vorstellungen sie folgt, welches Denken ihr zugrunde liegt, welches Bild vom Menschen sie hat – ohne dass dies sofort als sachfremd gilt.

Es sind Bücher, die nach der großen Zäsur geschrieben sind, nach der weltweiten Finanzkrise und der europäischen Schuldenkrise. Beide Ereignisse haben das Selbstbewusstsein und das Glaubenssystem der heiligen Ökonomie erschüttert – wie nachhaltig und tief, muss sich noch zeigen. Die Krisen haben gezeigt, wie wirksam die Selbstzerstörungskräfte geworden sind, die diesem beschleunigten, globalen Finanz- und Wirtschaftssystem innewohnen. Es platzte in den Vereinigten Staaten die Immobilienblase, die auch entstanden war, weil die Banken dem ärmer werdenden Mittelstand in den USA bedenkenlos Immobilienkredite verkauft hatten. Es trudelten diese Banken, weil sie ohne jede Kontrolle Kredite vergeben hatten, weil sie es nicht für nötig befunden hatten, genügend Eigenkapital für Krisenzeiten zur Seite zu legen. Die Ratingagenturen, die vor den Risiken vieler Kredit- und Aktiengeschäfte hätten warnen sollen, taten das Gegenteil: Sie bescheinigten faulen Krediten geringe Ausfallwahrscheinlichkeiten; giftige Papiere wurden so zu einer beliebten Anlageform. Ein System hatte sich selbst immunisiert. Selbst die rot-grüne Regierung in Deutschland lockerte die Bankenaufsicht – die unsichtbare Hand sollte walten können, ohne an allzu viele Hindernisse zu stoßen.

## *Von Schuld und Schulden*

Die weltweite Krise, die daraus entstand, hat vielen Menschen in den armen Ländern das Leben gekostet. In der Europäischen Union und den USA hat sie Menschen um ihre Ersparnisse und um ihren Arbeitsplatz gebracht, sie hat Familien zerstört. Sie hat in Spanien oder Griechenland eine ganze Generation junger Menschen in die verzweifelte Lage gebracht, dass sie, wie viel sie auch lernen, wie gut sie auch sein mögen, kaum eine Chance auf eine Arbeit haben, von deren Lohn sie sich und ihre Familien ernähren können. Sie hat die europäische Gemeinschaft auf eine harte Bewährungsprobe gestellt – erstmals gibt es in ihrem Parlament in Straßburg eine nennenswerte Anzahl europakritischer, rechter und rechtsextremer Abgeordneter.

## *Aufklärung durch die Finanzkrise*

Die Krise hat aber auch einen Aufklärungsschub gebracht. Er erinnert manchmal an den Beginn der Neuzeit, als die Menschen sich aus der Abhängigkeit der mittelalterlichen Denksysteme emanzipierten: Die Erde ist ja gar keine Scheibe. Sie ist rund, und sie dreht sich um die Sonne. Man kann übers Meer zu fremden Kontinenten segeln. Und man kann sich seines eigenen Verstandes bedienen beim Versuch, die Welt zu fassen. Auch damals gab es starke Kräfte, denen die Wahrheit als Bedrohung erschien, als Bedrohung der herrschenden göttlichen Ordnung und ihrer Macht.

Aufklärung ist der Ausgang des Menschen aus seiner selbst verschuldeten Unmündigkeit, schrieb Immanuel Kant 1784, vor 230 Jahren. Was heißt Aufklärung heute? Heute heißt Aufklärung, den Glauben an die unsichtbare Hand zu brechen, die den globalen Markt auf wunderbare Weise zum Guten lenkt, wenn auch vielleicht unter Inkaufnahme einiger Opfer. Diese Wirtschaft darf sich nicht absolut setzen – so, wie jede Religion von der Wahrheit reden, sich aber nicht absolut setzen soll. Auch der Glaube an die Wirtschaft als Maßstab der Menschheit muss ihre Grenzen haben. Und die Heiligung des Egoismus ist eine Sünde. Die Wirtschaft muss dem Menschen dienen – und nicht der Mensch ihr Messdiener sein. Sie muss ihn mit dem versorgen, was er braucht. Sie soll ihn auch mit dem versorgen, was er mag und liebt – solange es nicht anderen die Lebensgrundlage raubt. Sie soll den Wettstreit um das beste Produkt und die intelligenteste Idee fördern. Sie soll die Menschen zusammenbringen, die etwas verkaufen und die etwas kaufen wollen. Sie darf aber nicht den Menschen zum Objekt degradieren, zur Zahl machen und seiner Menschlichkeit berauben, die Menschenwürde zur handelbaren Größe, zum Wert, für den es einen Preis gibt, jenseits dessen diese Würde nicht mehr gilt. Und schon gar nicht darf sie töten.

## *Der Papst als Aufklärer*

Und hier kommt ausgerechnet dieser Papst Franziskus ins Spiel. Es ist eine Ironie der Geschichte: Der Nachfahre jener Päpste, die einst die Menschen in Unmündigkeit halten wollten, ist nun mit seiner altmodischen Kapitalismuskritik zum Aufklärer geworden. Er macht sich persönlich nichts aus Luxus und Reichtum, er läuft in Gesundheitsschuhen herum, lässt sich im Mittelklassewagen fahren und ist, statt in den Apostolischen Palast zu ziehen, im Gästehaus des Vatikans wohnen geblieben. Das macht seine Botschaft glaubwürdig. Wohlstand und Reichtum sind bestenfalls zweitwichtigste Dinge – und damit auch die Wirtschaft, die sie produziert. Und solange sie beim Produzieren und Verteilen des Produzierten tötet, solange in Bangladesh Menschen unter einem Haus zerquetscht werden, damit in Europa T-Shirts billig zu kaufen sind, so lange trägt diese Wirtschaft die Sünde in sich, hat sie einen Makel, der bekämpft werden muss.

## *Die Verbündeten*

Er ist ja längst nicht der einzige Christ, der das sagt. Kurz bevor der Papst seine Ermahnung in die Welt schickte, verabschiedete der Ökumenische Rat der Kirchen (ÖRK) im südkoreanischen Pusan ein Manifest, in dem die mehr als 300 beim ÖRK vertretenen anglikanischen, orthodoxen und reformierten Kirchen erklären: Die gegenwärtige Weltwirtschaftsordnung sei „gottlos". Die wirtschaftliche Globalisierung habe den Gott der Liebe durch „den Gott des freien Marktkapitalismus" ersetzt. „Es ist ein globales vom Mammon bestimmtes System, das durch endlose Ausbeutung allein das grenzenlose Wachstum des Reichtums der Reichen und Mächtigen schützt," heißt es dort, und weiter: „Unsere ganze derzeitige globale Realität ist so voll von Tod und Zerstörung, dass wir keine nennenswerte Zukunft haben werden, wenn das vorherrschende Entwicklungsmodell nicht radikal umgewandelt wird und Gerechtigkeit und Nachhaltigkeit zur treibenden Kraft für die Wirtschaft, die Gesellschaft und die Erde werden."

Diese Aufklärung ist dringend nötig. Sie ist nötig, weil diese Art des Wirtschaftens, über die individuellen Sünden wie Egoismus und Neid, Geiz und Gier und die Unempfindlichkeit gegenüber den Menschen am Rande der Existenz hinaus, eine große strukturelle Sünde in sich trägt. Der Weltkirchenrat hat

die Sünde benannt: Diese Art zu leben und zu wirtschaften
zerstört auf Dauer das Leben.

Sie zerstört die Umwelt und das Klima – das Ziel, durch eine
globale Energiewende den Anstieg des Weltklimas auf zwei
Grad bis zum Jahr 2050 zu begrenzen, ist schon jetzt praktisch
nicht mehr zu erreichen. Sie trägt nicht zum gerechten Frieden
zwischen Nord und Süd bei, sondern verschärft Konflikte, statt
sie einzudämmen. Ob es dabei um Kriege um seltene Rohstof-
fe geht, ob um die zahlreicher werdenden Nord-Süd-Konflikte
oder darum, aufgrund des Bedarfs nach billigen Arbeitskräf-
ten, Menschen dazu zu bringen, ihre Heimat zu verlassen und
auf Armutswanderschaft zu gehen. Sie bedroht, indem sie die
Maßstäbe des Lebens global vereinheitlicht, auch die kulturelle
Vielfalt auf der Welt; sie hat nicht nur einen enormen Ressour-
cen-, sondern auch einen Kulturverbrauch. Sie gefährdet die
Privat- und Intimsphäre des Einzelnen, indem sie seine Spuren
im Internet sammelt und auswertet und zum Objekt der Algo-
rithmen macht. Diese Wirtschafts- und Lebensweise droht, in
all ihrer Stärke und Schöpfungskraft, aber auch in ihrem Abso-
lutheitsanspruch, lebens- und selbstzerstörerisch zu werden.

## Die Verzagten

Was tun angesichts der Bedrohung? Zum Ausgang der selbst
verschuldeten Unmündigkeit gegenüber einer angeblich all-
mächtigen und alles bestimmenden Wirtschaft gehört zunächst einmal zu erkennen, dass diese Wirtschaft gar keine anonyme, allmächtige und alles bestimmende Macht ist
– sondern nur diesen Anspruch erhebt. Sie ist menschen-

gemacht, sie ist höchst irdisch. Und Menschen können entscheiden, wie sie leben und wirtschaften wollen. Genauer gesagt: Sie entscheiden sich jeden Tag, wie gelebt und gewirtschaftet wird. Sie sind, wenn sie zum Bespiel das Glück haben, im reichen Deutschland zu leben, Wähler, Kunden, Investoren, Teile einer durchaus sensiblen Öffentlichkeit. Sie haben mehr Einfluss und Macht, als sie denken. Die Klage, Objekt der anonymen Wirtschaft, der Globalisierung, des Marktes zu sein, ist verbreitet. Diese Ohnmachtsklage hat aber die Macht des falschen Glaubens verstärkt: Auch klagende Gläubige sind Gläubige.

Und vielleicht ist es tatsächlich nun die Aufgabe der Kirchen, evangelisch wie katholisch, Menschen aus diesem modernen Prädestinationsglauben zu befreien, dass man halt nichts tun könne. Man kann etwas tun, erst recht als Bürger dieses reichen, demokratisch strukturierten Landes. Auch deswegen ist zum Beispiel das Sozialwort so enttäuschend, das die Evangelische Kirche in Deutschland (EKD) gemeinsam mit der katholischen deutschen Bischofskonferenz im Frühjahr nach langen Beratungen und Verhandlungen herausgebracht hat. Es liest sich wie ein Kompromisspapier der Großen Koalition aus SPD und Unionsparteien. Die Kirchen sind gegen die Gier (wer ist das nicht?) und für die Anhebung des Renteneintrittsalters auf 67 Jahre, für mehr Verteilungsgerechtigkeit und irgendwie auch für höhere Steuern, wenn es sein muss, aber auch für die Schuldenbremse. Sie hält Langzeitarbeitslosen, Alleinerziehenden, prekär Beschäftigten ökonomische Lehrbuchweisheiten vor. Sie fürchten die Grundsatzfragen, die der Papst und der Ökumenische Rat der Kirchen stellen – die deutschen Bischöfe und Landesbischöfe gehen nicht an die

Ränder der Gesellschaft und der Existenzen, sie bleiben in der Mitte, dort, wo es nicht weh tut.

Die Grundannahme des Papiers mit dem Titel „Gemeinsame Verantwortung für eine gerechte Gesellschaft" lautet: Wenn alle Länder die deutsche soziale Marktwirtschaft übernehmen, dann sei die Welt gerettet. Dann werde der Kapitalismus gezähmt, vom Raub- zum Nutztier. Daran stimmt: Die soziale Marktwirtschaft, wie sie in der Bundesrepublik entstanden ist, funktioniert, weltweit gesehen, recht gut. Sie setzt auf einen Ausgleich zwischen Kapital und Arbeit, zwischen Eigen- und Gemeinschaftsverantwortung. Es gibt ein Betriebsverfassungsgesetz, Arbeitsschutz- und Kündigungsschutzregeln. Löhne, Renten, Sozialleistungen sind gut, es herrscht weithin sozialer Friede, die Bundesrepublik ist eines der reichsten Länder dieser Welt. Sie hat die Finanzkrise verhältnismäßig gut überstanden, sie hat sogar, was immer daraus werden wird, den Ausstieg aus der Atomenergie beschlossen.

## *Ein Riss in der hohen Mauer*

Und trotzdem: Auch die soziale Marktwirtschaft deutscher Prägung ist die Rettung nicht. Sie bröckelt ja selber, ihre Mauern stehen, doch es ist wie „ein Riss in der hohen Mauer", wie der Prophet Jesaia es einst angesichts der Überheblichkeit der Mächtigen formulierte – ein Riss, dem der Einsturz folgt, wenn nicht bald etwas geschieht. Deutschlands soziale Marktwirtschaft sichert jene, die im System sind: die Reichen sowieso, aber auch die gut ausgebildeten Arbeitnehmer, die Rentner, die auch privat vorsorgen konnten. Doch wer aus dem System fällt oder erst gar nicht hineinkommt, der bleibt ausgeschlossen: Langzeitarbeitslose, Familien, die in zweiter oder dritter Generation ihr Leben mit Sozialhilfe fristen, Alleinerziehende, die nicht mehr in den Beruf kommen, Flüchtlinge, die über Jahre in Lagern leben. Sie alle sind in einer Spirale der Exklusion komplett von der Teilhabe an Bildung, Wohlstand und Kultur im Land ausgeschlossen. Auch werden die Mittelstandsexistenzen zunehmend prekär. Wer heute Arbeit hat, kann nicht mehr selbstverständlich davon ausgehen, dass er sie behält. Die Debatte um das Freihandelsabkommen TTIP (Transatlantic-Trade-and-Investment-Partnership) mit den USA zeigt zudem, wie sehr die Ideologie des globalisierten, freien Marktes die soziale Marktwirtschaft bedroht. Das Recht des Investors auf ungestörte Investition soll künftig vor dem Recht von Bund, Ländern und Kommunen stehen, eigene Regeln aufzustellen. Was das für den Arbeits-, Gesundheits- und Umweltschutz bedeutet, für kommunale Wasser- und Energieversorger, ist überhaupt noch nicht abzusehen, auch, weil die Verhandlungen bislang wenig transparent sind.

Vor allem aber: Ein bisschen soziale Marktwirtschaft in ihrer traditionellen Form reicht nicht, um die Globalisierung zu bändigen, um die zerstörerischen Kräfte zu kanalisieren, die da am Werk sind. Sie ist vielmehr Teil des zerstörerischen Systems – so wenig das ihre Anhänger wahrhaben wollen. Die soziale Marktwirtschaft aus Deutschland wird den Klimawandel nicht stoppen, den weltweiten Handel nicht gerecht organisieren können. Antworten auf die neuen Formen des Informationskapitalismus im weltweiten Datennetz hat sie schon gar nicht. Sie wird nicht verhindern können, dass diese Wirtschaft weiter tötet.

Dazu braucht es mehr als die Hoffnung darauf, dass es schon irgendwie gut gehen wird, wenn alles einigermaßen so weitergeht wie bisher. Das Glaubensbekenntnis zum freien Markt gehört säkularisiert, auf das zurückgeführt, was es ist: Wo Menschen miteinander zu tun haben, entstehen Märkte. Aber diese Märkte sind keine sakrosankten Räume. Die Regeln dieser Märkte machen die Menschen. Sie sind dafür verantwortlich, wie menschlich oder unmenschlich es auf den Märkten zugeht. Sie bestimmen, wer dort mit was handeln darf und wer nicht, ob jeder an diesen Märkten teilhaben darf oder ob es Ausgeschlossene gibt, die das Letzte, das sie haben, zum Schleuderpreis anbieten dürfen. Die Globalisierung braucht ein globales Gegenüber – so wie im 19. Jahrhundert die Arbeiterbewegung das mächtige und kampfbereite Gegenüber der Industrialisierungsprozesse war. Sie braucht Menschen, die nicht einfach hinnehmen, was ist. Sie braucht Gruppen, Initiativen, Parteien, Institutionen wie die Kirchen, braucht Christen und Atheisten, Linke und Konservative, die sich nicht einfach dem angeblich Unausweichlichen und Unabänderlichen unterwerfen, die ihren Anspruch auf Mitgestaltung anmelden und durchsetzen.

Und mitten unter diesen neuen Protestanten steht dieser Papst Franziskus mit seiner listigen Weltfremdheit und sagt: Die Welt ist änderbar. Er hat recht: Sie ist änderbar. Noch vor ein paar Jahren galt die Idee einer Finanztransaktionssteuer, die der globalen Spekulation Grenzen setzen soll, als Projekt utopischer Weltverbesserer – mittlerweile hat sich selbst Bundeskanzlerin Angela Merkel für sie ausgesprochen. Noch vor zehn Jahren geriet unter Sozialismusverdacht, wer strengere Regeln für die Banken forderte – nun gilt es als Allgemeinplatz, dass Banken diese Regeln brauchen. „Atomkraft – nein danke" war in den 1970er und 1980er Jahren der Lieblingsaufkleber einer Protestgeneration, die damals im Traum nicht daran dachte, dass 30 Jahre später eine Koalition aus CDU, CSU und FDP in die Tat umsetzen würde, was sie als Forderung hinten an VW-Käfer und Citroën-Ente klebte.

## *Wenn die Deutschen zornig werden*

Die Welt ist änderbar – sie ändert sich aber nicht von alleine. Sie ändert sich, weil Bürger politisch aktiv werden, weil sie sich in Parteien, Vereinigungen und Bewegungen für Gesetze einsetzen, die Märkten Regeln geben, der Wirtschaft Grenzen setzen und die Globalisierung gestalten. Dazu braucht es einen starken Staat und mutige Regierungen. Wie erfolgreich sie sein können, zeigt die Geschichte des (weitgehend) verhinderten Waldsterbens in Deutschland. Aus vielen Bürgerbewegungen entwickelte sich angesichts des schlechten Zustands des Waldes eine politische Macht. Sie war stärker als die Auto- und Industrielobby, die bislang alle staatlichen Regelungen als Bevormundung und Arbeitsplatzvernichtungsprogramme diffamiert hatten. Und ausgerechnet eine CDU/CSU-FDP-Regierung unter Helmut Kohl führte die Katalysatorenpflicht für Autos ein und zwang die Industrie, Rauchfilter in die Verbrennungsanlagen einzubauen. Der Wald hat überlebt. Die Angst vorm Waldsterben wird heute manchmal als ziemlich deutsche Marotte belächelt. In Wahrheit hat sie einen der größten Erfolge der Umweltpolitik bewirkt – und die Autoindustrie ist darüber auch nicht zugrunde gegangen. Warum dann nicht für Gesetze eintreten, die Banken und Kapitalströme und den freien Handel kontrollieren?

Die Welt ändert sich aber auch, weil Menschen ihr Leben und ihren Lebensstil ändern. Sie sind damit Pioniere, Beispiele für andere. Sie schaffen Märkte und verändern Märkte. Sie zeigen, dass es anders geht. Ansätze gibt es schon jetzt genug, vom Markt für Bio-Lebensmittel über Dritte-Welt-Läden und verschiedene Carsharing-Modelle, die vor allem in den großen Städten blühen und gedeihen, bis hin zu jenen Menschen, die ganz bewusst auf Besitz und Wohlstand verzichten, ihre Arbeitszeit reduzieren und dies als Gewinn an Freiheit und Lebensqualität ansehen. Dem Magazin *Spiegel* war diese nichtmönchische Armutsbewegung, das „Down-sizing", im Frühjahr 2014 immerhin eine Titelgeschichte wert.

## Die Zeit der kleinen Propheten

Die Chance ist da, dass aus dem Beispiel der Lebensstil-Pioniere eine neue Kultur entsteht, eine Kultur des anderen Umgangs mit Geld und Besitz, Essen und Kleidung, Mobilität, Information und Zeit. Sie könnte zeigen: Bescheidenheit, Selbstbegrenzung und Verzicht müssen nicht bedeuten, dass die Lebensqualität sinkt – im Gegenteil. Sie kann befreien vom Druck, immer neu das Glück in mehr Konsum finden zu müssen und es genauso schnell wieder zu verlieren. Der Markt, so urteilt der Soziologe Zygmunt Baumann, biete „materiellen Ersatz für Sorge, Freundschaft und Liebe. Die Akte des Bezahlens ersetzen die Entsagung, die die Verantwortung für die anderen mit sich bringen würde." Wer sich also vor Weihnachten oder zu einem Geburtstag nicht an der Jagd auf die Geschenke beteilige, „lässt jene im Stich, die er liebt. Nur die Gleichgültigen und die Mutigen ergeben sich nicht dieser Erpressung." Wie befreiend wäre es, diesem Zwang zu entkommen!

Einen neuen Lebensstil zu propagieren bedeutet auch nicht, einem Land die De-Industrialisierung und den ökonomischen Absturz zu wünschen. Das beste Beispiel dafür sind die Entwicklungen bei der Solarenergie. Noch vor zehn Jahren galt es als ausgemacht, dass man nur begrenzt und mit großem Aufwand Sonnenenergie in Strom umwandeln kann; heute haben Solarzellen einen damals ungeahnt hohen Wirkungsgrad und sind so billig geworden, dass dies nun für die Hersteller zum Problem geworden ist. Oder bei den Elektroautos: Noch vor kurzem galten sie als das adäquate Fortbewegungsmittel auf dem Golfplatz oder für Gehbehinderte; heute gibt es Sportwagen, die ihre Energie aus der Batterie ziehen, Fachleute sagen, dass dies der Anfang vom Ende des Verbrennungsmotors sei.

Es geht um eine menschenfreundliche Lebens- und Wirtschaftsweise, die Zahlen kennt, für die aber Menschen keine Zahlenwerte sind, die empfindlich ist gegenüber den Schwachen – den Un- und Neugeborenen, den Kindern und den Behinderten, den Arbeitslosen und Kranken, den Sterbenden am Ende des Lebens. Es geht um eine Kultur, die achtsam mit der Zeit umgeht, die verlangsamt, wo bis zum Wahnsinn beschleunigt werden soll, die Arbeits-, Erziehungs- und freie Zeit neu und fair zwischen Frauen und Männern aufteilt. Es ist diese Menschenfreundlichkeit und Leidempfindlichkeit, die die christlichen Kirchen auch in Gesellschaften bringen können, selbst wenn sie längst nicht mehr bruchlos christlich geprägt sind – die Option für die Schwachen und Armen ist der Kern

der katholischen Soziallehre und der evangelischen Sozial-
ethik. Und dies sollte künftig die große soziale Aufgabe der
Kirchen sein, gemeinsam mit der traditionellen Caritas und
Diakonie, die sich um die Schwachen der Gesellschaft küm-
mert: Beispiele für einen neuen Lebensstil zu entwickeln, für
sie zu werben und sie mit dem Geld und der Macht zu fördern,
die sie in Deutschland, in Europa und Nordamerika auf abseh-
bare Zeit haben werden.

## Was die Kirchen tun sollten

Das Geld, das sie besitzen, haben die Kirchen nicht gestohlen
oder den Armen genommen – und doch hängt der Geschmack
des Ungerechten an diesem Besitz, an den Rücklagen, den
Kirchensteuereinnahmen. Ob sie wollen oder nicht, auch die
Kirchen in den reichen Ländern sind Teil jener reichen Gesellschaft, die auf Kosten der anderen lebt, der Menschen in
den armen Ländern und der späteren Generationen. Sie sind
Teilnehmer jenes Finanzsystems, das viele Milliarden Euro,
Dollar oder Yen um den Globus jagt, die keiner Wirtschafts-
leistung entsprechen. Sie kritisieren das System, aber sie leben vom ungerechten Mammon, sie leben selber innerhalb der
Wirtschaft, die tötet.

Gerade die großen Kirchen in Deutschland tun schon heute viel, dass diese Wirtschaft nicht mehr tötet. Ihre Hilfswerke
bohren längst nicht mehr nur Brunnen in Afrika oder betreuen
Straßenkinder in Lateinamerika, sie organisieren Kleinkre-
dite, bilden aus und besorgen Anwälte, damit die Menschen
nicht mehr in der Abhängigkeit von Großgrundbesitzern,

Wucherbanken und weltweit operierenden Konzernen leben müssen. Auf kirchlichem Grund wird bio geackert, in christlichen Tagungshäusern fleischarm gegessen, auf den Dächern kirchlicher Gebäude blitzen Solaranlagen; Caritas und Diakonie kümmern sich um Flüchtlinge, Schwache und Kranke und schlagen Alarm, wenn die Politik das Soziale vergisst. Das alles ist gut. Dem allem aber fehlt noch die Klarheit, die Richtung, in die es gehen muss. Es braucht kein Kirchen-Sozialwort mehr, das die Rente mit 67 erklärt. Es braucht ein Bekenntnis: Diese Wirtschaft tötet – lasst uns das ändern, mit aller Kraft, Macht, Kompetenz und Begeisterungsfähigkeit, die uns zur Verfügung steht.

Eine Utopie? Gegen die Vision von der neuen Wirtschafts- und Lebenskultur steht die Beharrungskraft, die allen Menschen innewohnt, denen es einigermaßen gut geht oder noch einigermaßen gut geht. Die alten Maßstäbe scheinen sich ja bewährt zu haben, über Jahrzehnte, gar Jahrhunderte hinweg: die des Wachstums, des Hungers nach mehr, nach persönlichem Reichtum und Besitz. Was den Menschen nun in die Klimakatastrophe und den Finanzkollaps zu führen droht, hat ihn ja einst aus der Höhle geholt, der Beschränktheit und Unmündigkeit entrissen, seine Gesundheit verbessert, sein Leben verlängert.

Und niemand entscheidet gern und dauerhaft gegen das, was als eigenes Interesse wahrgenommen wird. Die Leute sind ja für Frieden und Gerechtigkeit, für Umwelt- und Klimaschutz. Aber sie wollen die Freiheit nicht verlieren, die ihnen das Auto gebracht hat. Sie wollen die Wärme eines Urlaubs im Süden nicht missen. Sie wollen nicht deshalb einen Arbeitsplatz im Nachbarort annehmen und das Mädchen von nebenan heiraten, weil beide klimaneutral zu erreichen sind. Und was ist, wenn die Märkte erschrecken und alles zusammenbricht, der Wohlstand, der Rechtsstaat, der Frieden im Land?

Diese Ängstlichkeit gilt es zu überwinden, jetzt. Den Griechen war Kairos ein kleiner Gott; spät kam er in den Götterhimmel. Die wenigen Statuen und Bilder, die gefunden wurden, zeigen ihn auf Zehenspitzen und mit geflügelten Füßen. Vorn trug er einen langen Schopf, bei dem man ihn fassen konnte. Hinten aber hatte er eine Glatze. Griff man zu spät zu, glitt er einem durch die Finger, der Gott des richtigen Augenblicks. Sein Gegenspieler war Chronos, der Gott der gleichförmig und gestaltlos dahintreibenden Zeit, der, was er zeugte, auch wieder fraß.

Den Gegensatz zwischen dem schwer zu fassenden Kairos und dem trägen Chronos hat erst das Christentum so richtig auf die Spitze getrieben. Die Christen gaben der Zeit ein Ende und Ziel: Himmel oder Hölle. Nun war es nicht mehr einfach Glück oder Pech, den rechten Augenblick zu verpassen, die Frist ungenutzt verstreichen zu lassen. Es ging um Heil und Erlösung, ums richtige oder falsche Leben. Es steht dahinter bis heue die dramatische Erkenntnis, dass die Zeit nicht zurückzuholen ist, wenn einmal der richtige Augenblick verpasst wurde. Das hat der christlichen Kairos-Theologie etwas Drohendes, zumindest Pathetisches gegeben: Jetzt, heute, gleich musst du handeln, sonst ist es zu spät.

Es treffen heute tatsächlich Kairos und Chronos in selten dramatischer Weise aufeinander. Aufbruch und Beharrung stehen nebeneinander, Handlungsbedarf und Trägheit, eine unglaubliche Beschleunigung bei nur noch mäßig funktionierenden Bremsen. Im Grunde bestreitet das ja niemand mehr:

Jetzt, heute, eigentlich gestern, spätestens aber morgen müssten die Menschen in Deutschland, Europa, Nordamerika, in den reichen Ländern der Welt, ihren Lebensstil ändern. Die alten Maßstäbe von Wachstum, Erfolg, angeblichem Glück und gelingendem Leben sind an ihre Grenzen geraten. Wer nicht anfängt, neue zu entwickeln oder die alten neu zu justieren, steht in ein paar Jahren ohne Maßstäbe da. Er wird zum Objekt des Wandels. Er hat den Schopf des Kairos verpasst. Und wer danebengreift, wer zögert, wird Opfer des alles verschlingenden Chronos.

## Der Schopf der Gelegenheit

Es braucht Menschen, die sich nicht damit zufriedengeben, dass der Strom der Zeit einfach immer weitergeht und das lebenswerte Leben frisst. Es braucht die Unverdrossenen und Suchenden, für die es mit der Welt nicht einfach so weitergehen kann. Es braucht die kleinen Propheten, die nicht warten, bis andere sich bewegen, sondern selber anfangen. Für sich alleine genommen retten sie die Welt nicht, und manchmal wirken die Eifrigen, die sich da abstrampeln, seltsam in ihrem Weltverbesserungspathos. Aber was wäre die Alternative? Zynische Resignation, weil die cooler wirkt? Entscheidungszeit bedeutet: Der Schopf ist da, den es zu fassen gilt. Jetzt ist die Zeit. Nicht weil die Hölle bedrängt und droht, sondern weil tatsächlich die Chance da ist, das Leben selbst in die Hand zu nehmen. Auch wenn es bedeutet, Liebgewordenes hinter sich zu lassen. Das Leben zu ändern kann glücklich machen.

## MATTHIAS DROBINSKI

*Jahrgang 1964, in der innenpolitischen Redaktion
der Süddeutschen Zeitung zuständig
für Kirchen und Religionsgemeinschaften.
Studierter Historiker und Theologe.
Zuletzt erschienen: „Kirche, Geld und Macht" (2013)
und „Glaubensrepublik Deutschland"
(2011, mit Claudia Keller)*

## HERIBERT PRANTL

*Jahrgang 1953, Mitglied der Chefredaktion
der Süddeutschen Zeitung, Chef der innenpolitischen
Redaktion, Honorarprofessor an der juristischen
Fakultät der Universität Bielefeld, politischer Publizist,
gelernter Richter und Staatsanwalt.
Zuletzt erschienen: „Kein schöner Land" (2005),
„Der Terrorist als Gesetzgeber" (2008),
„Wir sind viele", „Der Zorn Gottes" (2011)
„Die Welt als Leitartikel" (2012) und
„Alt.Amen.Anfang." (2013).*

**Wir sind viele**
ISBN: 978-3-86615-999-0
48 Seiten | 4,90 €

**Lang lebe der Euro!**
ISBN: 978-3-86497-080-1
72 Seiten | 4,90 €

**Eine Frage der Gerechtigkeit**
ISBN: 978-3-86497-177-8
64 Seiten | 4,90 €